LIGUE CONTRE L'ATHÉISME

CONFÉRENCES. — N° 5.

LE
PROGRÈS MORAL

ET

SES CONDITIONS

Par **Th. DESDOUITS,**

Ancien professeur de philosophie à Versailles.

PARIS

A. FAIVRE ET H. TEILLARD

LIBRAIRES DE L'ALLIANCE SCIENTIFIQUE UNIVERSELLE

27, RUE BONAPARTE, 27

1892

PRIX: 50 CENTIMES.

Extrait

des *Annales de l'Alliance scientifique*

1892. — N° 85*ter*.

LE PROGRÈS MORAL

ET SES CONDITIONS

Par **Th. DESDOUITS**

Ancien professeur de philosophie à Versailles.

Un des plus anciens penseurs de la Grèce, Héraclite, considérant les mouvements perpétuels dont l'univers offre le spectacle, la courte durée de notre existence terrestre, sans doute aussi le changement des idées, des institutions emportées par le cours du temps, répétait avec tristesse : « Tout « change, tout passe, tout s'écoule comme l'eau d'un fleuve. « Tout passe, il est vrai sur la terre ; mais Héraclite ne comprenait pas la loi de ce perpétuel changement ; les modernes l'ont mieux comprise ; loin de nous attrister, cette loi est plutôt faite pour nous encourager, car si tout change, c'est pour s'améliorer ; la raison du changement, c'est le progrès.

Il est, en effet, une chose qui ne passe pas, c'est la vérité. Chaque génération accroît par l'expérience et la réflexion la part de vérité dévolue au genre humain ; et la transmet aux générations suivantes.

Cette conception du progrès apparaît clairement au XVIIe siècle, avec Pascal. Elle se retrouve dans la philosophie de Leibnitz ; elle est comme l'âme de sa doctrine et lui donne l'explication des choses. Le monde, le contingent, l'imparfait, n'était pas digne d'être appelé à l'être, si ce n'est pour se rapprocher progressivement de la perfection.

Le XIXe siècle s'est passionné pour le progrès ; je ne parle pas seulement du progrès dans l'ordre scientifique, mais aussi dans l'ordre moral et social. Depuis les systèmes les plus vrais et les plus ingénieux, jusqu'aux utopies les plus étranges, jusqu'aux témérités les plus contradictoires de certaines doctrines philosophiques, tout, dans notre siècle, s'est recommandé de cette idée du progrès.

Comment donc se fait-il qu'en poursuivant tous le même but, avec la même ardeur, la bonne foi, le même zèle désintéressé pour le bien de l'humanité future, les penseurs marchent par des voies si différentes et arrivent à des résultats si contraires ? C'est qu'en croyant tous au progrès, ils ne le conçoivent pas de la même manière. Pour les uns, — et nous sommes du nombre, — le progrès ne consiste pas à tout détruire, à transformer toutes les croyances, tous les principes, mais à ajouter de nouvelles vérités aux anciennes, à mieux interpréter ces anciennes vérités, en les dégageant seulement des erreurs qui les enveloppaient accidentellement. C'est là tout simplement la vieille doctrine spiritualiste ; elle conçoit le progrès *par addition*, et non par *destruction*. Surtout, parmi les vérités fondamentales que le progrès doit conserver, ou plutôt parmi les conditions même du progrès, elle met la croyance au libre arbitre et] la croyance en Dieu, ces deux *postulats de la morale*, comme les appelle Kant, et par conséquent du progrès moral. En face de cette première conception du progrès, s'affirme, de nos jours, une conception toute contraire, celle du progrès, non plus par *addition*, mais par *destruction*, par *transformation* complète. Elle applique au monde intellectuel et aux principes mêmes de la morale, ce changement perpétuel que le philosophe Héraclite s'attristait de contempler dans le monde physique. — C'est la doctrine *déterministe* ou la doctrine de l'*évolution*. Chacune des croyances anciennes est éliminée à son tour, lentement, mais définitivement, en vertu des lois de la concurrence vitale ; et comme cette suite sans fin de destructions et de transformations se fait par l'action de la nature, et en vertu des lois d'un déterminisme éternel, chacune de ces destructions est nécessaire ; l'homme ne peut accélérer ni retarder la marche du progrès.

De ces deux doctrines, le progrès par *addition* avec la liberté pour agent, le progrès par *destruction* avec l'*aveugle mécanisme* pour *cause*, quelle est la plus conforme à l'idée même du progrès ? Quelle est celle dont les faits nous offrent la confirmation ?

I

Tout d'abord, on peut se demander si la conception du progrès par destruction complète n'est pas contradictoire. Le progrès suppose deux facteurs, un élément *conservateur*, et un élément d'*innovation*. Pour augmenter son capital, la première condition est de le *conserver*, tout au moins de conserver les bonnes valeurs. Il faut bien que l'esprit humain possède un fonds primitif de vérité ; sinon comment l'accroître ? Il faut qu'il possède quelques principes absolument vrais, qui seront le point de départ du progrès. Ces principes, une fois connus, doivent rester toujours ; le temps qui détruit les erreurs confirme les vérités gravées au fond de l'esprit humain ; elles sont d'autant mieux prouvées qu'elles ont résisté à plus d'attaques. La *destruction*, la *transformation* ne doit atteindre que les opinions réellement inconciliables avec le progrès scientifique.

—Est-ce ainsi que procède la doctrine évolutionniste ? Quelle place fait-elle à l'élément conservateur ? Quelle croyance passée respecte-t-elle ? Est-ce la loi morale, l'idée d'une justice éternelle fondée sur l'obligation et supérieure à nos intérêts ? Est-ce le libre arbitre et la responsabilité ? Est-ce l'existence de Dieu ? Toutes ces croyances ont fait leur temps, il faut qu'elles soient éliminées, emportées comme dans un engrenage, et jetées dans le mécanisme de l'évolution, qui doit les broyer et faire de leur poussière une nouvelle morale, une philosophie moderne. Mais quoi ? Ne voit-on pas que cette jeune morale et cette jeune philosophie (ou du moins qui prétend à la jeunesse) — seront vieilles à leur tour ; et alors, en vertu de la même loi d'évolution, elles devront être transformées · - quand l'heure viendra, — et jetées dans le même engrenage de la machine éliminatoire, pour céder la place à d'autres ; car, à moins que l'évolution ne s'arrête, les transformations que vous regardez aujourd'hui comme un progrès seront transformées à leur tour ; vos vérités d'aujourd'hui seront des faussetés pour l'humanité future ; le vrai, le faux, le bien, le mal n'est plus que relatif aux époques ; et, par conséquent, s'il n'y a nulle part de vrai absolu, il n'y a pas de *progrès*, il n'y a que des *métamorphoses*.

Dira-t-on, pour justifier l'élimination des anciennes croyances, qu'elles sont contraires à la science ? A la science ? A laquelle ? Est-ce aux mathématiques ? A la physique ? A la chimie ? La géométrie aurait-elle prouvé que Dieu n'existe pas ? Quelle expérience de physique a démontré l'éternité de l'ordre actuel du monde ? La science a-t-elle prouvé que la matière n'était plus inerte et pouvait avoir produit d'elle-même tous ses mouvements sans le secours d'un premier moteur ? Dans quel laboratoire a-t-on fabriqué de la pensée ou de la volonté avec des combinaisons de carbone, d'oxygène, d'hydrogène et d'azote. Qu'on ne vienne donc plus nous dire que la science a détruit ou même remplacé l'idée de Dieu ? Prétendra-t-on qu'elle pourrait expliquer le monde sans Dieu ? avec l'hypothèse du transformisme ? Nous ne répondrons pas que l'hypothèse du transformisme n'est pas prouvée ; supposons qu'elle le soit un jour ; acceptons-la sous bénéfice d'inventaire, du moins, comme explication de la vie et de l'organisme animal ; (*car il ne faut pas confondre le transformisme ainsi entendu, et qui est du domaine de la science, avec l'évolution, appliquée à l'explication du monde intellectuel et moral, hypothèse, sans aucune base scientifique*). Eh bien, si des causes physiques comme l'*influence des milieux* expliquaient l'apparition de la vie et la transformation des espèces, cela prouverait seulement une chose : c'est que le *milieu transformant* et la *matière transformable* ont été calculés avec une merveilleuse précision ; et une telle harmonie préétablie entre les agents physiques et l'organisme des animaux serait une preuve nouvelle en faveur d'une cause première intelligente et providentielle. — C'est ce que tous les transformistes sérieux ont compris ; c'est ce que Darwin a admis ; c'est ce que Wallace, Owen, Mivart ont proclamé hautement ; le transformisme n'explique la nature qu'à la condition d'être expliqué lui-même par une cause intelligente et d'une action providentielle.

Ainsi par aucune méthode, ni par le raisonnement, ni par l'expérimentation, ni même par aucune hypothèse, si hardie qu'elle soit, la science ne saurait parvenir à éliminer la notion de Dieu. L'opposition entre la science et Dieu n'est que la plus gratuite, la plus injustifiable de toutes les assertions : et lorsqu'une philosophie nouvelle rejette cette croyance fondamentale de l'humanité, ce n'est pas comme incompatible avec la science, mais comme *trop ancienne*, et au nom de ce principe arbitraire que les vieilles idées doivent disparaître uniquement parce qu'elles sont vieilles.

Peut-être répondra-t-on que, si la croyance en Dieu n'est pas inconciliable avec la science, elle n'a pas la certitude de la science. Mais quoi ! ne voit-on pas que si l'existence de Dieu était douteuse, la certitude de la science, la certitude même de la raison humaine serait du même coup compromise ou plutôt détruite ? En effet, pour que la science ait quelque valeur, il faut supposer que notre intelligence est capable de vérité. Or, si elle n'est pas l'œuvre de Dieu, il n'y a aucune chance qu'elle soit faite pour la vérité et capable de la percevoir. Tout homme, le savant et le philosophe, comme tout autre, commence par faire un acte de foi dans la véracité de sa raison ; et le sceptique, qui seul vous pourrait blâmer de cet acte de foi, en fait tout autant, malgré qu'il en ait. Mais encore faut-il que cet acte de foi soit conséquent avec lui-même ; il faut qu'en admettant comme un *postulat* la véracité de ma raison, j'admette en même temps l'existence des conditions qui peuvent permettre cet accord de notre pensée personnelle avec la nature des choses. Or ces conditions, quelles sont-elles ? 1° Il faut que notre cerveau soit organisé de manière à percevoir les images des choses assez fidèlement pour nous permettre de connaître les objets tels qu'ils sont et que nos organes ne déforment pas ces images comme ferait un miroir trompeur. 2° Il faut que la raison, avec laquelle nous interprétons nos représentations cérébrales, soit une faculté de vérité et que ses lois, — en vertu desquelles nous établissons des rapports entre les objets, — soient d'accord avec les lois véritables, avec la nature essentielle des choses.—Or, il y a infiniment peu de chances que ces deux conditions se trouvent réalisées... à moins que la structure de notre cerveau et les lois de notre raison ne soient l'œuvre d'une cause infiniment intelligente. En effet, les molécules de substance nerveuse qui composent mon cerveau pourraient se combiner entre elles d'une infinité de manières. De toutes ces combinaisons possibles, une seule nous permettait d'avoir — je ne dis pas une représentation adéquate des objets, — mais, au moins des signes fidèles, correspondant à la nature des choses. De toutes les autres combinaisons ne pouvaient résulter que des représentations hallucinatoires. Donc, si Dieu n'existait pas, s'il n'a pas choisi et réalisé librement, entre toutes les combinaisons possibles de matière cérébrale, la combinaison unique qui nous permettait de percevoir fidèlement, il y a *une* chance contre l'*infini* pour que nous percevions bien, et une infinité de chances pour que nous soyons hallucinés. Nous pouvons dire la même chose au sujet de la raison : c'est par elle que nous concevons des lois entre les objets dont le cerveau nous retrace l'image ; par elle, nous établissons entre les objets des rapports de *causes* à *effets* ; nous les coordonnons dans l'espace, dans le temps. Si notre raison était mal faite, si dans la réalité il n'y avait pas de causes, si le temps, l'espace, et par conséquent le mouvement n'étaient — comme on l'a quelquefois soutenu, — que des conceptions *subjectives* de la raison humaine, sans aucun rapport avec la nature essentielle des choses, alors la science n'est plus qu'une série d'illusions bien liées entre elles. Or, combien y a-t-il de chances pour que ma raison soit d'accord avec la réalité ? Il n'y a qu'une vérité ; les erreurs possibles sont infinies. Par conséquent, si ma raison n'est pas l'œuvre d'une cause intelligente, les chances pour qu'elle soit une faculté de vérité sont *un contre l'infini.*

Nous arrivons par là à définir Dieu « *Celui dont l'existence est la condition nécessaire et la seule raison d'être de la confiance que nous avons dans la véracité de notre intelligence.*

Cette corrélation, entre la confiance que j'accorde à ma raison et la foi en l'existence de Dieu, avait profondément frappé Descartes. « Que les meilleurs esprits s'y étudient tant qu'il « leur plaira : si tout ce qui est en nous de réel ne nous vient « pas d'un Etre Parfait, pour claires que fussent nos idées, « nous n'aurions aucune raison pour qu'elles fussent vraies (1).

Essaiera-t-on d'échapper à cette conclusion de Descartes et d'expliquer l'accord de notre intelligence avec la vérité en supposant avec Spinoza ou avec Hegel que notre intelligence est Dieu elle-même ? Mais une telle présomption n'est que trop réfutée par nos imperfections et nos erreurs. Reste donc à conclure, avec Descartes, que notre raison a reçu d'un Créateur infiniment Parfait tout ce qu'elle a de réel et de bon.

Vainement on a tâché d'infirmer la valeur de l'argument de Descartes auquel on a reproché un vice de forme. On a dit que c'était une pétition de principe ; qu'il démontrait l'existence de Dieu par la raison, et la véracité de la raison par l'existence de Dieu. C'est bien mal comprendre Descartes. Il ne se fonde pas tour à tour sur la première vérité pour démontrer la seconde, et sur la seconde pour démontrer la première. Il part, purement et simplement, comme tout le monde, *de la foi dans la véracité de sa raison.* Il accepte cette véracité *comme un fait.* Mais ce fait une fois admis, Descartes, pour être conséquent avec lui-même, admet comme également certaines les conditions sans lesquelles cette véracité de la raison serait *infiniment improbable* ; et ces conditions sont *l'existence et la perfection du Créateur.* La conclusion est qu'il faut admettre en même temps ou rejeter en même temps ces deux choses, la certitude de la raison et l'existence de Dieu. C'est un dilemme, nullement un syllogisme,

(1) Descartes, *Discours sur la Méthode,* 4e partie.

et par conséquent, ce ne peut être un cercle vicieux ; mais le dilemme est rigoureux. Pascal s'exprime de même dans ces mots pleins de force : « Dieu et le vrai sont une même chose. « Si l'un est ou n'est pas, il en est de même de l'autre ».

En résumé, ou Dieu existe, ou il y a une infinité de chances pour que la science soit sans valeur absolue. Dieu n'est pas seulement, comme l'appelle Kant, le postulat de la loi morale ; il est le *postulat de la vérité*. L'idée de Dieu est donc essentielle à tout acte de la pensée humaine ; elle est par conséquent de toutes les époques, et nul effort ne parviendra jamais à l'éliminer, aussi longtemps du moins que la pensée humaine voudra rester conséquente avec elle-même.

II.

Si la logique condamne la doctrine du progrès par destruction, l'examen des faits la réfute également. L'histoire ne nous montre pas que la pensée humaine ait procédé par destructions successives et définitives ? Telle est cependant la thèse des évolutionnistes. Avant eux, déjà Auguste Comte avait soutenu la même thèse dans sa théorie des trois âges de l'esprit humain : Cette théorie est un des antécédents de la doctrine évolutionniste. C'est donc par elle que nous devons commencer l'examen.

D'après Auguste Comte, l'humanité aurait passé par trois phases : 1° la période théologique ou religieuse ; 2° la période philosophique ou métaphysique ; 3° la période scientifique. Chacune de ces trois périodes aurait détruit les croyances et les tendances d'esprit de la période précédente. La philosophie aurait tué et remplacé les croyances religieuses, la science aurait tué et remplacé la philosophie.

L'histoire, comme la psychologie dément cette double loi. Est-il vrai que la philosophie ait détruit et remplacé la religion ? En Grèce, à Rome, il semble que cette loi se soit vérifiée ; et la raison en est bien simple ; c'est que la religion païenne, avait altéré l'idée de Dieu et ne pouvait se concilier avec la philosophie. Mais dans les temps modernes c'est la loi contraire que nous pouvons constater ; la foi religieuse et la philosophie sont associées dans leur développement, grandissent et s'affaiblissent en même temps, s'éclipsent, renaissent en même temps. Les deux époques les plus brillantes de la philosophie sont le XIIIe et le XVIIe siècle, deux époques de foi religieuse et de haute science théologique. Réciproquement, la décadence de la foi religieuse a toujours amené à courte échéance le découragement des philosophes et le triomphe du pyrrhonisme : c'est ce qui s'est vu au XVIe et au XVIIIe siècle : à ces deux époques, la philosophie s'était tournée contre la religion, et bientôt elle se tourna contre elle-même ; les hardiesses philosophiques du XVIe siècle aboutirent au scepticisme absolu de Montaigne, le plus redoutable adversaire de la raison et de la philosophie ; et pour le XVIIIe siècle, après qu'il eut essayé de tout mettre en question, au nom de la raison, le dernier effort de sa pensée philosophique fut de mettre, avec Kant, la raison elle-même en question. Ainsi la religion et la philosophie ont eu souvent même fortune ; leur sort est lié, leur progrès ou leur décadence sont en raison directe, et non pas en raison inverse. Par là se trouve réfutée la première loi d'Auguste Comte, qui leur assigne deux âges différents dans l'histoire de l'esprit humain.

La deuxième loi est-elle plus vraie ? Est-il exact que l'apparition de la période scientifique coïncide avec la disparition de l'esprit philosophique ? L'histoire répond au contraire qu'en plein développement de la période scientifique on retrouve, chez les philosophes, la même ardeur pour les problèmes métaphysiques, et chez les croyants le même zèle pour défendre leur foi religieuse. La période scientifique remonte à Descartes, à Newton, à Leibnitz, les plus grands génies dans l'ordre scientifique, et en même temps les plus grands philosophes comme les plus religieux des hommes. Sans doute, à la fin du siècle dernier, on a pu croire un instant que la philosophie et la religion allaient s'éclipser pour toujours et que désormais la science toute seule demeurerait sur l'horizon. Mais, à peine quelques années s'étaient écoulées, et, comme par une ironie de l'histoire, dans cette même Allemagne où Kant avait déclaré la métaphysique à jamais impossible, la métaphysique renaît plus hardie, plus profonde, disons même plus témé- raire qu'auparavant ; et dans cette même France où l'athéisme avait proscrit la croyance en Dieu, avec quel éclat cette croyance reparaît à l'aurore du siècle nouveau-né ! Quelle autre inspiration enflamma le génie de Chateaubriand, de Lamartine, de Victor Hugo ? Comment une croyance que l'on déclarait morte a-t-elle suffi pour infuser une vie nouvelle à la poésie, aux arts, à l'éloquence ?— Sans doute, à côté des croyants, ce siècle a des sceptiques ; mais c'est précisément le témoignage de ces sceptiques que nous invoquerons ; car les uns, par leur désespoir, par le vide infini que laisse dans leur cœur la disparition de la foi en Dieu, les autres par les contra- dictions où tombent leurs systèmes quand ils veulent se passer de Dieu, attestent et démontrent que Dieu est le seul objet capable de satisfaire le cœur et de satisfaire la raison. Écou- tez les aveux désespérés du poète qui s'est appelé lui-même un enfant du siècle ! (A. de Musset) :

« Je voudrais m'en tenir à l'antique sagesse
« Qui du sobre Épicure a fait un demi-dieu.
« ... Je ne puis ; malgré moi, l'Infini me tourmente,
« Je n'y saurais songer sans crainte et sans espoir,
« Et, quoi qu'on en ait dit, ma raison s'épouvante
« De ne le pas comprendre, et, pourtant, de le voir.
« Qu'est-ce donc que le monde, et qu'y venons-nous faire,
« Si, pour qu'on vive en paix il faut voiler les cieux ?
« Passer comme un troupeau, les yeux fixés à terre,
« Et renier le reste, est-ce donc être heureux ?

« *Voiler les cieux !* Passer, les *yeux fixés à terre* », n'est- ce pas précisément la nouvelle doctrine que l'école positiviste venait alors apporter au monde comme l'idéal de la Sagesse suprême, et comme la mieux appropriée aux besoins de notre siècle ?

Ce désespoir du poète, auquel Dieu manque, et tout avec lui, — ne serait-il qu'un effet de l'imagination, non de la raison ? Mais entendez, d'autre part, les aveux terribles, la désespérante logique des philosophes qui ont douté de Dieu ou qui l'ont confondu avec l'activité inconsciente de la nature : « Tout est mal », dit Schopenhauer. « Tout est mal », répète Hartmann, l'auteur de la *Philosophie de l'Inconscient*. Non seulement tout est mal, mais tout sera mal à jamais : l'existence est un mal, car c'est une lutte, un effort. Aucune consolation, aucun adoucissement n'est à espérer ni pour l'homme, ni pour l'humanité : jamais l'homme ne trouvera le bonheur, car l'existence personnelle de l'homme dans un monde meilleur est une croyance d'autrefois ; (Hartmann ne donne pas d'autre raison pour la rejeter.) Jamais l'humanité ne trouvera le bonheur, car, plus elle devient intelligente, plus la conscience de son malheur devient plus claire et plus cruelle. Donc, nul progrès, si ce n'est le progrès vers la douleur ; rien qu'une évolution éternelle de la conscience, condamnée à se tordre dans la souffrance, et ne saurait calmer ses douleurs qu'en s'absorbant dans les abstractions de la pensée pure. Voilà le monde, tel que nous le fait la logique implacable d'une philosophie sans Dieu, et peut-être tel qu'il serait si les hommes par malheur cessaient de croire en Lui. Non, quoi qu'en pense Auguste Comte, l'époque n'est pas venue et ne viendra jamais où l'esprit humain pourra se passer de l'espoir en Dieu et se résigner à le bannir dans la région de l'Inconnaissable.

III

La doctrine de l'Évolution adopte, comme Auguste Comte, la théorie du progrès par destruction. Mais ce n'est, dans cette nouvelle doctrine, qu'une portion d'un système beaucoup plus vaste, système dont le but est d'expliquer le monde moral, comme le monde matériel, par la transformation des forces de la nature. Cette conclusion, vers laquelle tend le système entier, renferme une contradiction radicale. On cherche l'origine du droit et du devoir dans un ordre de choses où la nature est tout, où la liberté n'est rien : or la nature n'est qu'un ensemble de forces ; les lois de la nature ne sont que le jeu régulier des forces, la prépondérance de la force la plus grande sur la moindre. Comment de ce jeu des forces physiques auraient pu résulter la notion du devoir, la notion du droit ? Des forces ne pourront jamais se transformer qu'en forces ; et le droit est précisément le contraire de la force. Cherchons cependant par quels efforts ingénieux de raisonnements, par quelle série d'hypothèses les partisans de l'évolution ont tenté de résoudre le problème insoluble de la transformation des forces physiques en notions morales, et d'expliquer le progrès social par des attractions et des répulsions matérielles.

Tout d'abord on suppose, sans pouvoir dire comment, la transformation de la matière inanimée en organismes vivants. L'influence des milieux, la concurrence vitale, la lutte pour l'existence ont perfectionné les animaux ; ces perfectionnements, transmis par l'hérédité, ont amené la transformation des espèces inférieures en espèces supérieures. De transformations en transformations, l'homme est venu : d'abord sauvage, l'homme songeait surtout à son bien-être, à ses intérêts ; mais comme il avait reçu des animaux un instinct social, un instinct de bienveillance pour ses semblables, il s'accoutuma à chercher le bien des autres pour la satisfaction qu'il en recevait et dans l'espoir d'obtenir en échange leur protection; de même il évita de faire tort aux autres par peur du châtiment. Peu à peu, il contracta par *habitude* et transmit par l'*hérédité* aux générations suivantes une tendance aux actes bienveillants, une répulsion pour les actes funestes à la société. *Cette tendance est toute la morale.* Nous prenons pour *obligation* cette *tendance héréditaire* à faire le bien, pour une *défense* cette *répulsion héréditaire* inspirée par la vue du mal. Nous transportons ainsi dans la nature de l'acte l'origine d'une sympathie ou d'une antipathie dont l'explication n'est que dans l'expérience de nos ancêtres et dans l'HÉRÉDITÉ.

La conclusion de cette doctrine, c'est qu'il n'y a pas d'actes absolument bons ou mauvais par eux-mêmes, mais des actes qui nous paraissent bons, parce que nos ancêtres s'en étaient trouvés bien, et parce que l'hérédité nous a transmis leur penchant à les accomplir ; des actes qui nous paraissent mauvais parce que nos ancêtres s'en étaient mal trouvés et nous ont transmis une sorte de crainte qui nous arrête à la pensée de les commettre. Une comparaison rend bien cette idée. Un chien, à la vue d'un gibier, se met en arrêt au lieu de se jeter dessus ; il ignore la cause de cette force inconnue qui le retient ; c'est que plusieurs de ses ancêtres avaient été battus quand ils se jetaient sur le gibier ; cette crainte les arrêta dans la suite, et ils la transmirent héréditairement à leurs descendants. L'explication est très bonne pour le chien qui s'arrête sans savoir pourquoi, retenu par une force inconnue. Mais qund on l'applique à l'homme, que sa conscience arrê te à la vue du mal, à l'homme qui sait *pourquoi* il s'arrête, c'est dire que nous agissons par ressort, non par moralité, que le bien et e mal ne sont en définitive que des résultantes d'attractions et de répulsions.

Du reste, la psychologie et l'histoire ne protestent pas moins que la morale contre cette application du *transformisme* à la morale et à la civilisation. Admettons, encore une fois, *pour le cas ou le fait serait un jour démontré,* — la doctrine de la transformation *appliquée aux organes, aux perfectionnements des espèces.* Jamais aucune transformation n'expliquera la naissance de la pensée ; il faut que, de toute nécessité, chez l'homme, l'animal même, le principe pensant soit expliqué par une création véritable. Comment la pensée pourrait-elle résulter d'une combinaison ou d'une succession de mouvements ? C'est une hypothèse non seulement inconcevable mais contradictoire ; des mouvements ne peuvent se transformer qu'en mouvements ; or la pensée n'est pas un mouvement ; elle a des caractères absolument contraires aux faits de l'ordre mécanique. Dans l'ordre mécanique, le mouvement précédent n'est plus quand le mouvement suivant se produit, et le mouvement futur n'est pas encore. Au contraire, dans un acte de conscience, je comprends *par une seule et même intui-*

tion la représentation de ce que pense actuellement, de ce que j'ai pensé un instant auparavant et de ce que je vais vouloir un instant après. Quel mouvement pourrait nous offrir à la fois cette synthèse *simultanée* du passé, du présent, de l'avenir ? Or cette synthèse est l'essence de la pensée !

L'évolution n'explique donc pas le passage de la matière à la pensée ; de plus, elle explique assez mal comment, de l'état sauvage, qu'elle suppose gratuitement à l'origine des choses, l'homme se serait élevé à la civilisation. Les sauvages ne seraient-ils pas plutôt des hommes déchus et dégradés ? C'est vraisemblable ; car si les hommes avaient commencé par l'état sauvage, il est probable qu'ils y seraient encore. En effet, c'est une loi de l'histoire que les peuples sauvages restent stationnaires jusqu'au moment où ils entrent en rapport avec des races plus civilisées ; alors, *mais alors seulement,* se manifestent chez eux les aptitudes intellectuelles qui jusque-là étaient restées à l'état latent. Les évolutionnistes, pour expliquer comment l'humanité a pu jadis sortir de l'état sauvage, allégueront la concurrence vitale, la lutte pour l'existence. Mais la lutte pour l'existence se retrouve encore chez les sauvages modernes, et sous sa forme la plus parfaite, à savoir l'*anthropophagie* : cette application de la loi de *concurrence vitale* les a-t-elle civilisés ? A-t-elle contribué à leur progrès moral ? En faveur d'un état sauvage primitif, on allègue l'homme des cavernes, contemporain des mammouths. Mais d'abord il n'est pas prouvé que ces contemporains du mammouth soient les premiers hommes : de plus, ils paraissent avoir eu un certain degré de civilisation ; on en peut juger par des dessins d'animaux, gravés avec beaucoup d'art, et retrouvés dans leurs cavernes.

C'est encore sans preuve que l'évolutionnisme prétend expliquer la naissance des idées religieuses par les songes ou les interprétations superstitieuses des faits naturels. L'homme aurait d'abord adoré les mânes de ses ancêtres, plus tard, les astres, les animaux ; l'idée d'un Dieu unique, d'un Être Parfait, ne serait venue qu'après un très long temps. Cela n'est pas démontré. — Rien n'empêche d'admettre au contraire que l'idée du vrai Dieu a été contemporaine des premiers hommes et s'est altérée dans la suite sous l'influence de l'imagination et des sens. Ce n'est pas seulement dans les traditions juives que se trouve affirmée cette antériorité du *monothéisme* sur le polythéisme. Les recherches de l'érudition moderne nous montrent, dans l'histoire de l'Égypte, cette marche rétrograde de l'idée religieuse. Sur un papyrus que les savants font remonter à trente siècles environ, avant l'ère chrétienne, on a trouvé des pensées philosophiques et religieuses admirables ; l'auteur parle de l'Intelligence suprême et de la Providence dans des termes qui pourraient s'appliquer au Dieu de Socrate et de Platon, au Dieu du christianisme. Or, vingt-cinq siècles plus tard, Hérodote nous décrit la religion de l'Égypte ; c'était alors le plus grossier fétichisme. La même altération de l'idée de Dieu a pu se produire ailleurs: peu à peu on aura confondu Dieu avec la nature ; de l'adoration de la nature on a dû passer au culte des êtres vivants. Il y aurait eu, pour un temps une décadence de l'idée religieuse, ce qui n'a pas empêché, dans la suite, le progrès de reprendre son cours. Ainsi l'idée d'un Dieu unique a pu exister à l'origine du genre humain et même elle a dû exister, car comment l'homme l'aurait-il formée ? Comment aurait-il composé l'idée de l'Infini, du Parfait avec les simples données des sens ? Ajoutons que cette idée de Dieu est inséparable d'avec l'idée d'une loi morale supérieure à l'homme, idée dont aucune évolution ne peut, nous l'avons vu, expliquer la formation, et que, par conséquent, l'homme a dû posséder dès l'origine. Ces deux notions de la loi morale et d'un législateur supérieur à la nature peuvent donc être regardées comme le point de départ du progrès.

IV

Le point de départ du progrès une fois déterminé, reste à chercher quelle marche il a suivi, quelle a été la loi de son développement.

Les lois du progrès sont au fond celles de la logique. Les principes élémentaires du juste et du bien contiennent implicitement une foule de conséquences, absolument comme les axiomes contiennent toute la géométrie.

Ces conséquences se sont dégagées avec le temps. On les a mieux vues, après des siècles de réflexion ; on a mieux compris leur application aux cas nouveaux qui se présentaient. De tout temps, l'homme a pu distinguer, dans les cas très simples, le bien d'avec le mal, le juste d'avec l'injuste : mais le devoir et le droit deviennent moins clairs à mesure que les rapports entre les hommes deviennent plus complexes : voilà pourquoi, dans l'état social, les devoirs et les droits présentent parfois des contradictions apparentes, que le progrès des lumières arrive à résoudre, mais au bout d'un long temps.

Il y a donc dans le progrès moral un élément immuable, — (les principes) ; un élément d'innovation, -- (l'application de plus en plus rationnelle de ces principes à l'individu et à la société).

L'histoire nous montre clairement l'existence primitive de ces principes et la lenteur de leur développement progressif.

Par exemple, de tout temps, les hommes ont eu conscience de leurs devoirs envers leurs bienfaiteurs ; dans les histoires, les littératures les plus anciennes, nous trouvons le respect des faibles, la pratique la plus touchante de l'hospitalité. Mais les anciens ne comprenaient guère qu'il y eût des devoirs envers les ennemis de leur famille ou de leur patrie. De là est né l'esclavage. L'esclave était un vaincu, digne de mort ; c'était lui faire une grâce que de le laisser vivre et de le réduire en servitude. On a compris l'injustice de l'esclavage à l'avènement du christianisme. Mais, pour que la nouvelle conception du droit humain, du droit à la liberté personnelle prévalût partout et passât dans les faits, il a fallu des siècles ; et c'est le XIXme siècle qui a eu l'éternel honneur d'avoir accompli l'abolition de l'esclavage.

Un autre exemple des abus perpétués pendant des siècles par la difficulté de résoudre certaines contradictions apparentes entre le droit individuel et le droit social, c'est la *torture*. Les législateurs romains ni les jurisconsultes européens des siècles derniers n'étaient probablement pas des hommes féroces ; mais, comme l'intérêt social, d'une part, exige absolument la découverte des criminels, et que, d'autre part, on voyait dans la torture un moyen efficace de connaître la vérité, on sacrifiait le droit de l'individu à ce qu'on croyait l'ordre social ; il a fallu des siècles pour comprendre que la fin ne justifie pas les moyens, et que d'ailleurs, même comme moyen, la torture était le plus mauvais qu'on pût choisir pour découvrir la vérité. Le progrès, comme on le voit, ne consiste pas à inventer des principes nouveaux, mais à trouver la conciliation des principes éternels, à déduire une série de conséquences toujours nouvelles, tirées des principes immuables de la morale.

Il faut donc s'attacher fermement aux principes, si vieux qu'ils soient, ou pour mieux dire aux principes éternels. C'est à l'aide seulement de ces vieux principes d'éternelle justice que l'avenir pourra résoudre ces questions sociales dont s'inquiètent les uns, et dont les autres voient sans effroi la solution parce qu'elle sera une manifestation nouvelle de la justice et de la charité ; car la charité est une de ces conséquences éloignées, mais rigoureuses que la logique découvre dans la notion de la justice ; une justice purement *négative* est sans doute le commencement de l'ordre social ; mais non le perfectionnement ; ne faire de mal à personne, rendre l'équivalent des services que l'on reçoit, c'est en apparence assez pour que la société dure ; mais ce n'est pas assez pour que les hommes parviennent à cette union des cœurs et des volontés sans laquelle la société humaine n'est qu'un lien matériel, maintenu par le besoin ou par la force. La véritable cité humaine n'est pas seulement celle où les hommes s'entr'aident, mais celle où les hommes s'entr'aiment ; et quand ce problème de la charité mutuelle sera résolu, celui de la prospérité et de la paix sociale sera bien près de l'être.

Mais pour que la logique, qui préside à la marche du progrès, nous amène à ce règne de la vraie fraternité, il faut que nous nous attachions à un principe qui la contienne comme conséquence. Or le principe qui remplit le mieux cette condition, n'est-ce pas la croyance en un Dieu, notre commun Père, qui nous a créés, — comme dit Platon dans le Timée, — parce qu'il était Bon, et pour que nous devenions bons à son exemple? Doit-on préférer le principe de l'*évolution*, expliquant tout par la concurrence des forces physiques, et par la lutte pour l'existence ? Mais comment la concurrence vitale et la lutte pour la vie pourraient-elles amener autre chose que la guerre ? C'est la lutte pour l'existence qui pose la question sociale ; ce n'est pas elle qui la résoudra, à moins qu'elle ne la résolve par la disparition des faibles, des infirmes, dont la faim et la maladie délivreront peu à peu le monde, afin qu'ils ne transmettent pas des germes de faiblesse à l'humanité future. C'est la solution d'Herbert Spencer ; c'est la seule qui soit logique.

V

En insistant sur la relation entre les lois du progrès et celles de la logique, nous n'entendons pas cependant que le progrès des idées suive une marche fatale. Notre libre arbitre peut en accélérer ou en retarder la marche. En effet, les conséquences des principes, bien qu'elles soient nécessaires en elles-mêmes, n'apparaissent cependant qu'à ceux qui veulent bien les voir. En opposition à la logique de la raison, il y a la logique de nos passions, de nos intérêts, qui s'efforce de nous dérober les vraies conséquences des principes et souvent met les principes mêmes en question. C'est à notre libre arbitre de choisir. Suivant que l'homme écoute la logique de la raison ou celle des passions, l'humanité avance ou est ramenée en arrière. Que de guerres, que d'institutions injustes, dues à cette logique des passions, ont retardé la civilisation !

L'évolutionnisme traite de chimère cette liberté dont nous sentons en nous-mêmes la réalité. Ce n'est, dit-on, qu'une illusion. Ce n'est pas nous qui dirigeons les événements, mais les événements qui nous mènent. Si jamais une telle négation venait à prévaloir et à troubler chez les hommes la conscience de leur liberté, quel découragement pour l'activité, pour la vertu, et quelle facile morale pour rassurer ceux qui ne font rien ou qui font le mal ! Le progrès s'accomplit fatalement par les lois de la nature ; il ne dépend pas de nous d'en changer ou d'en précipiter le cours ! L'homme n'a plus qu'à attendre de l'évolution ce que jusqu'alors il attendait de ses propres efforts. Comme le soir on s'endort en attendant le matin, sans avoir autre chose à faire que de laisser tourner la terre et de tourner avec elle, de même, pour voir lever l'aurore d'un nouveau progrès, nous n'avons qu'à nous laisser *évoluer* avec la nature. En quoi une telle doctrine diffère-t-elle du fatalisme Musulman ? et on sait ce que ce fatalisme a fait en Orient du progrès et de la civilisation.

Mais rassurons-nous. Le sens commun ne doutera jamais sérieusement de la liberté, parce que la liberté est un *fait* et que chacun le perçoit directement en soi-même. On nous répète, dans les livres déterministes, que ma conscience se trompe. Ma volonté, dit-on, doit être déterminée par des causes latentes ; mais comme j'ignore ces causes, je m'imagine que je me détermine par moi-même ; je me crois libre parce que je ne sens pas mes chaînes ! Certes, voilà une ingénieuse objection. Cependant, il y a un fait bien simple qui vient nous en montrer la fausseté. C'est l'instinct. Dans les actes d'instinct, nous n'avons aucune connaissance des causes qui les déterminent ; nous avons conscience des effets, non des causes qui les produisent en nous : malgré cela, personne ne s'est jamais imaginé que les mouvements d'instinct fussent un effet de notre libre choix. Nous devrions le croire, cependant, d'après l'hypothèse dans laquelle l'ignorance des causes déterminantes pourrait produire chez l'homme l'illusion d'une liberté imaginaire. L'hypothèse est donc fausse ; une telle illusion n'est pas possible, et par conséquent, si nous avons conscience d'être libres, cette conscience n'est pas une illusion.

On objecte contre la liberté un certain nombre de faits physiologiques ; mais ces faits ne prouvent qu'une chose, c'est que ma liberté n'est pas infinie, que ses manifestations extérieures, ses conditions d'exercice dépendent de l'état cérébral et peuvent être modifiées, supprimées par le sommeil, la maladie, l'idée fixe. Mais il y a longtemps que le sens commun s'en doutait ; et cette dépendance de ma volonté par rapport au cerveau s'explique tout aussi bien avec la liberté qu'avec l'hypothèse déterministe. En effet, le libre arbitre n'est pas autre chose que le pouvoir de *choisir* sans aucune contrainte externe ou interne. Or, *pour choisir*, la volonté a besoin d'avoir de *quoi choisir*. Entre quels objets peut-elle avoir à se prononcer, si ce n'est entre plusieurs mouvements, ou entre plusieurs représentations cérébrales ? Elle accepte les unes, repousse les autres en pleine connaissance et sans contrainte ; c'est là être libre. Si donc ces représentations cérébrales sont troublées par la maladie, si l'une d'elles s'éclipse et supprime toutes les autres comme fait dans l'idée fixe, et supprime ainsi la *matière du choix*, si ces représentations sont rapides, vagues, fugitives, contradictoires comme dans le rêve ou dans le délire et ne nous laissent pas le temps de choisir avec réflexion, — alors il est clair que le choix devient impossible ; mais c'est la *matière du choix*, qui disparaît ; ce n'est pas le *pouvoir de choisir* ; rien n'empêche que ce pouvoir reste en moi à l'état virtuel, tout prêt à s'exercer quand il en retrouvera l'occasion, c'est-à-dire quand il se retrouvera en présence de plusieurs représentations assez nettes et assez constantes pour offrir une matière à son choix. Un musicien ne perd pas son talent quand on lui enlève son instrument ; il perd cependant le moyen de l'exercer actuellement. De même je ne cesse pas d'être libre quand l'état cérébral, en altérant mes représentations, m'ôte pour un temps la *matière de mon choix*. Le rôle du cerveau est de fournir ou de refuser les représentations ; le rôle de la volonté est d'accorder librement la préférence à l'une ou à l'autre : le second fait exige évidemment l'existence préalable du premier : la physiologie n'en demande pas davantage, et les défenseurs de la liberté n'ont jamais refusé de le reconnaître. L'accord n'est donc pas difficile, si ce n'est en apparence.

La croyance à la liberté n'a donc rien à craindre des faits positifs. Aussi n'est-ce pas seulement par des arguments tirés des faits, c'est surtout au nom d'un argument *a priori*, absolument arbitraire, que les déterministes repoussent le libre arbitre. On pose à titre d'axiome que *tout phénomène*, non seulement de l'ordre physique, mais même de l'ordre moral, *est déterminé d'avance par la série des phénomènes passés*: chacun aurait sa cause nécessaire et suffisante dans celui qui précède, celui-ci, dans l'avant-dernier, et ainsi de suite ; de cette manière nos volontés, aussi bien que les mouvements du monde, seraient les anneaux d'une chaîne indissoluble qui les rattache au passé à travers l'enchaînement infini des nécessités.

Ce prétendu axiome n'est qu'une extension absolument arbitraire, d'une loi expérimentale, observée seulement dans l'ordre des phénomènes matériels : cette loi, c'est l'*inertie de la matière*. En vertu de cette loi, les corps, une fois un choc reçu, sont incapables d'arrêter leur mouvement ou même d'en changer la direction. Il en résulte qu'une impulsion, même après qu'elle n'est plus, se révèle encore à nous par la continuation du mouvement et la direction constante de ce mouvement; il semble donc que l'effet dure après la disparation de la cause; il semble que les phénomènes présents soient produits par les phénomènes passés, qui pourtant *ne sont plus rien*. Mais ce n'est là qu'une manière très incomplète d'expliquer les choses. En réalité, l'impulsion, qui n'est plus, a déterminé le premier mouvement *pendant qu'elle était* ; l'inertie a déterminé *la continuation du mouvement* dans la même direction. Donc la loi mécanique, en vertu de laquelle les mouvements présents dépendent des états précédents, cette loi qui permet de calculer les états futurs des corps, est une conséquence pure et simple de *l'inertie de la matière*. Etendre cette loi à l'ordre moral où on ne l'a jamais observée, c'est manquer aux règles les plus élémentaires de l'induction. L'*inertie* n'est que le plus bas degré de l'activité ; on ne l'a jamais constatée que chez les êtres inconscients : on ne saurait l'appliquer à la volonté ; donc on ne saurait non plus soumettre la volonté au déterminisme mécanique dont l'inertie est la seule explication. Non seulement rien ne prouve que la volonté soit astreinte aux lois mécaniques, mais tout prouve le contraire. D'après les lois mécaniques, tout mouvement suit la ligne de la plus *faible résistance* ou de la plus forte traction; la volonté, au contraire, suit la ligne de la *plus grande résistance*, lorsqu'entre deux partis elle prend celui qui lui coûte le plus : car l'effort est en raison de la résistance. Une balance incline du côté le plus chargé ; par conséquent, quand nous résistons à la passion qui nous entraîne pour suivre la raison, qui vaut mieux, mais qui produit une impulsion bien moindre sur l'organisme, c'est une preuve que la volonté n'est pas une balance ; ou, si l'on veut, c'est une balance qui serait libre d'incliner à son gré d'un côté ou de l'autre et de faire, par sa propre énergie, équilibre *au poids le plus lourd*. Ainsi les lois de la volonté ne sont pas celles de la nature ; elles sont tout le contraire. Soumettre la volonté au déterminisme, est-ce autre chose, après tout, que de généraliser l'ancienne erreur des astrologues, qui la soumettaient à l'influence mécanique des étoiles ou des planètes ?

En résumé, la loi du progrès peut se formuler ainsi : « L'idéal « moral pour but, la liberté comme moyen. » Cet idéal consiste dans l'application absolue des principes premiers de la morale ; et comme ces principes — ainsi que toutes les lois de la raison — n'ont de valeur absolue que si notre raison a été créée par une Cause Intelligente, principe de toute vérité, on peut conclure en dernière analyse que l'humanité ne s'est pas trompée en pensant que la croyance en Dieu et le libre arbitre sont les conditions essentielles du progrès moral.

Clermont (Oise). — Imprimerie Daix frères, place Saint-André, 3.

9 782012 838338